ERNST
>> Finde den Fehler <<
HAFT

Gedichte

Matthias Rürup

Edition SchuRu
Wuppertal
– 2024 –

Die Deutsche Nationalbibliothek verzeichnet diese Publikation in der Deutschen Nationalbibliografie; detaillierte bibliografische Daten sind im Internet über dnb.dnb.de abrufbar.

© Matthias Rürup, 2024

Satz: Matthias Rürup / Edition SchuRu Wuppertal
Verlag:
BoD • Books on Demand GmbH, In de Tarpen 42, 22848 Norderstedt
Druck:
Libri Plureos GmbH, Friedensallee 273, 22763 Hamburg
ISBN: 978-3-7583-3989-9

ES GILT

Es gilt
Das gebrochene Wort.

SPERR

GUT

LOCKER BLEIBEN

Locker bleiben, sagt sich leicht,
Dass wir uns missverstehen,
Du beim Stretchen, ich beim Chillen.

So rügst du mich, ich würde steif
Und viel zu rund beim Liegen –
Bis dann am Ende nichts mehr geht.

Während mir dein Keuchen schon,
Wenn du die Spannung hältst,
Beleg ist für Verkrampfung.

So dass wir, zugleich zugegen,
Uns gegenseitig stören bis
Nur noch Liebe alles heilt.

HASILEIN

Du neckst mich gern
Mit dem, was ich nicht kann –
Und ich, ich soll mich freuen.

Soll es lesen als
Lachen mit mir, Liebes-
Gruß an meine Schwächen.

Und grade dass ich
So ernst bin, mich beschwere,
Reize dich zur Spöttelei.

Meine Leidens-
Bittermiene sei auch
Gar zu lustig.

MITGEHANGEN

Bei dem, was du so tust,
Ich hänge da mit drin,
Weil du erzählen willst
Und dich beklagen.

Und gerade wenn ich es
Nicht mag, dir widerspreche,
Umso stärker finde
Ich mich involviert.

Streiten wir uns plötzlich,
Werden bissig und grob,
Ist es ernst.

Dabei hätte ich doch nur
Meine Ruhe gewollt und du
Ein offenes Ohr.

GEGENÜBER

Ein Gegenüber gerne wär ich dir,
Das dich bereichert, inspiriert,
Dich fordert, fördert, stoppt und führt,
Dass du also etwas hast von mir.

Dass ich nicht nur da bin, immerdar –
Als Begleitung, Unterstützung und
Als Schatten nur im Hintergrund,
Unsicht- und auch austauschbar.

Ein ganzer Mensch mit Kanten, Ecken,
An dem du dich stößt, dich reibst -
Und mich gerade deshalb schätzt.

Dass wir uns streiten können, necken.
Dass du mir auch verbunden bleibst,
Wenn dich was ärgert und verletzt.

WENN ICH VERLÖSCHE

Wenn ich verlösche, einsinke
Tief in Gedanken, sagst du,
Ich gucke finster.

Dabei gucke ich gar nicht.

Habe mein Gesicht doch
Ausgeknipst, mein
Aufmerken, bereit sein.

Weiß gerade nichts
Von meiner Erscheinung.

Stören würde das
In den Tunneln,
Hielte mich im Licht.

So aber, aufgeweckt
Durch deinen Zuruf,
Blinzele ich erschrocken,

Bestätige deine These dir.

HALTEVERBOT

Wenn du dich einlässt auf die Sache
Und dich vertiefst in ihr für Tage,
Dann du bist fort für eine Zeit,

Nicht ansprechbar für mich. Ich mache
Mir Sorgen ja, doch nein, beklage
Mich nicht und meine Einsamkeit.

Obgleich du mich verlässt, mich zu
Warten, still zu bleiben zwingst,
Ich ertrage diese Kränkung.

Denn dann – nach einer Zeit – kehrst du
Ja zurück zu mir und bringst
Etwas mit aus der Versenkung,

Eine Entdeckung, eine neue
Idee, ein Wunder, ein Gedicht,
Eine allseits gute Gabe.

Dann bin ich stolz auf uns, erfreue
Mich daran, dass ich dich nicht
Davon abgehalten habe.

VOM ERKRANKEN

Wenn ich vorher wüsste, dass
Ich von dann bis dann erkranke,
Du könntest mir vertrauen.

Früher wär ich rege, dir
Stütze, gar Geschenk gewesen,
Zur Stunde selbst verreist.

So jedoch ist kein Verlass
Auf mich, dass ich nicht wanke,
Stabil bin beim Bebauen.

Ach, da hilft nichts! Höchstens mir
Zeit zu lassen beim Genesen,
Wenn's als nötig sich erweist.

ZUNGENSCHLAG

Und schon, weil ich den Ton nicht treffe,
Hörst du nicht mehr zu, kommt das,
Was ich dir sagen will, nicht an.

Sitzen wir uns hilflos gegenüber,
Bitter, bissig, beide gleich
Enttäuscht und, ach, zurückgewiesen.

Würden gerne, du und ich ja sowieso,
Lieber uns verstehen und vertragen –
Miteinander reden, alles klären.

Wären nicht die Zungenschläge
Unweigerlich dabei beim Sprechen,
Wir bräuchten keine Beratung.

AM ENDE

Am Ende war es das und dies,
Dass es das war, das war am Ende
Offensichtlich gar nicht schlimm.

Sonst wäre es nicht, wie es ist.
Hätten ich und du, ach, wir
Uns noch einmal vertragen.

GRUND

WAS SOLL NOCH KOMMEN?

Was soll noch kommen?

Verdorben scheint die Frage:
Von vornherein nur eine
Bittre Antwort zugelassen.

Denn das Schöne, Wahre
Für mich, für uns, für alle,
Das ist ausgeschlossen.

Höchstens Momente,
Anklänge des Glücks
Sind zu erwarten.

Scheinbilder, Seifenblasen,
Illusionen, leicht
Zu zerstören.

Und sind dennoch
Das Einzige, was zu hoffen,
Anzustreben bleibt.

BEVOR DIE ANTWORT KOMMT

Zuvor schon zuckt dein Zeigefinger dir zur Nase,
Kündigt so das Aber an, die kommende Zäsur,
Den Schlagbaum aus Gedanken – gleich.

Als Knöchlein schon gehoben, verharrend
In der Schwebe noch zwischen Bedenken
Und Behandeln, Warten und Attacke.

Doch sichtlich für mich, unabwendbar längst –
Drohung von Schuss und Treffer, rauchendem Colt,
Ist dein Lächeln ausgestrichen.

Das ist die Macht der Klugen, der verfeinerten
Geister, herrschend schon mit Gesten, mit
Dem Anschein, der Ahnung ihres Eingriffs.

STIMMT

Stimmt, sagst du, – für mich – zu schnell,
Denn, was ich meinte, fragte,
Scheint mir damit abgetan.

Dabei hättest du, so dachte ich,
Ganz sicher widersprochen
Und war für Streit gewappnet.

Vielleicht zu sanft hatte ich
Die Frage formuliert, deshalb
Zu sehr gelächelt beim Stellen.

Schwerlich zu ermitteln nun,
Wieso es beim Frieden blieb –
Ist er mir fast verdorben.

KRITIK

Wie soll ich die Kritik
Nicht persönlich nehmen?
Sie etwa nicht einsinken lassen,
Wahrnehmen mit all meinen Sinnen?

Sie etwa nicht ernst nehmen,
Nicht beleuchten, befragen,
Was meine Anteile wären beim
Erzeugen, Lösen des Problems?

Mich etwa nicht Bemühen
Um Änderung, wenn nötig,
Auch von mir – im Ganzen,
Mich nicht stellen dem, was geht?

Ach, du willst in Wahrheit nur
Meinen Schmerz nicht,
Meinen Ausdruck der Verletzung,
Meinen wilden Widerstand.

GENERAL

Wenn es dringlich ist, wirst du zum General.
Verständlich, wenn und weil es eben drängt,
Schnell und stark bist du beim Führen.

Und jemand muss ja. Ich weiß. Es gibt die Wahl
Ja nicht, die Zeit dafür ist eingeschränkt
Zu wägen, wen zum Chef wir küren.

Und sehr wahrscheinlich wählten wir ja dich
Am Ende sowieso, so wie du bist,
Als der geborene Bestimmer.

Doch vielleicht auch nicht. Was weiß denn ich:
Wenn man gemeinsam nachdenkt, ist
Nicht immer alles so wie immer.

NACH DEM WESPENSTICH

Was das eine Vieh dir tat,
Es wirft sich auf die Gattung:
Plötzlich sind sie alle Biester.

Da zuckst du, verlangst,
Kaum dass es summt,
Jedes Untier zu erschlagen

Was so klingt, was so scheint,
Alles ist dir inzwischen,
Gefährdung des Friedens.

Denn nach dem Schock,
Wissend um deine Allergie,
Ist nichts wie vorher.

Und dennoch grüble ich,
Wage zu zweifeln: Warum
Alle haften für eine.

DEFÉNCE DE JARDIN

Das Ziel ist klar. Du sinnst auf Rache.
Dir schnappen wirst du das Karnickel,
Gerne – wenn es sein muss – mit Gewalt.

Denn Blumen sind nicht da: zum Naschen!
Die kleinste Mundvoll tilgt auf Dauer
Den Duft, die Farbe, deine Freude.

Beide sind sie schwach und schutzbedürftig.
Doch du wählst die Pflanze, nicht das Tier:
Die Schönheit, die bei dir ist und bleibt.

Von Fallen träumst du, einem Eisen,
Dass das Fellknäuel fängt und hält.
Recht ist dir ein langes Leiden.

Mit Schrecken lausche ich der Planung,
Zögere mit Widerworten gleichfalls,
Mich unbeliebt zu machen bei dir.

ABER

Aber sie ist nicht so,
Sagst du, die Welt.

Als wäre das ein Argument,
Mein Bemühen einzustellen.

Doch ich mag nicht streiten,
Nicht mit dir,
Sage bloß: Genau.

Und so sitzen wir
Beide in Gedanken,

Unfroh darüber,
Wie es ist.

GLAUBENSSACHE

Dann muss man es eben glauben:
Wenn von außen man nichts sieht,
Dass Innen trotzdem sich was tut.

Sich trotzdem – destotrotz – erlauben,
Trotzdem was ist, was nicht geschieht,
Hoffnungsvoll zu sein: Es wird schon – gut.

Sonst würde man ja trotzig werden
Und ungeduldig, radikal
Auf Barrikaden gehen.

Und so im Trotz, durch Trotz gefährden,
Dass wie erhofft mit einmal Mal
Wunder, oh Wunder, geschehen.

GRÜBELN

Mein Grübeln, sagst du, irgendwie,
Das sei schon chronisch, sei Manie,
Ein Sich-Nicht-Stoppen können.

Denn was man unaufhörlich tut,
Ob es passend ist, ob gut,
Das muss man Krankheit nennen.

Und legst die Füße hoch und lachst,
Ich solle doch, wie du es machst,
Mich lösen davon, mich befrein.

Fortschritt wäre das für mich,
Eine neue Stufe sicherlich,
Nicht nur so, auch so zu sein.

AUF EIN WORT

Das Wort war falsch an dieser Stelle
Und überhaupt, das ist mir klar.
Das spiegelt sich in deiner Reaktion.

Ich hätte selbst – auf alle Fälle –
Es lieber nicht verwendet, doch es war
In dem Moment die einzige Option.

Und Schweigen hätte ich nicht können.
Auch wenn es nun, im Nachhinein
Nicht mehr so schlimm, viel besser scheint.

Ach, wieviel Zeit wir doch gewönnen,
Wenn es keine Worte bräuchte, kein
Reden, um zu sagen, was man meint.

WEINEN

Weinen, sagst du, mache Sinn,
Sei ein Sich-Säubern, Lösen,
Befreien von dem Bösen,
In dem ich gefangen bin.

Sei ein Ausweg plötzlich, wo
Keiner war, Verwandlung
Der Lage, eine Handlung
Destotrotz und sowieso.

Die Stärke zeigt und Mut,
Dass ich dazu stehe, wenn
Etwas mich persönlich trifft.

Wenn es nur mal wieder gut
Ist schließlich, sagst du, denn
Die Dosis macht das Gift.

BESSER KLAGEN

Besser wär es zu ertragen,
Wie du bist, wenn du so bist,
Wären deine Worte nicht so grob.

Ja, du leidest! Und zum Klagen
Hast du sicher Grund. Das ist
Hier nicht die Frage, sondern ob

Du uns deshalb derart plagen
Musst mit deiner wilden Wut?
Denn dann leiden ja auch wir.

Muss man immer alles sagen?
Deutlich? Laut? Es wäre gut,
Du ruhtest mehr in dir.

MÜH

SEELIG

UNTER STROM SEIN

Unter Strom – da zuckst du länger,
Füllt sich die Batterie
Wie von selbst mit Energie
Aus dem Empfänger.

Rotierst du ohne Ende,
Getrieben durch den Schwung,
Über jede Niederung
Und Widerstände.

Bist Lawine und Orkan,
Bei allem was du tust:
Naturgewalt mit Pep,

Voller Eifer und Elan,
Nicht aufzuhalten, ruhst
Nicht mal beim Power-Nap.

WIE EBBE UND FLUT SEIN

So war der Plan, so wie das Meer
Am Tag zu schäumen, sprühen
Und sich dann abends müde-leer
Zurückzuziehen.

Ein Pendeln, Wechseln stet
Zwischen zwei extremen Polen.
Vorwärts erst bis nichts mehr geht
Und sich dann davon erholen.

So war der Plan, doch irgendwie
Auf lange Sicht ist er nicht gut,
Scheint er nicht zu klappen.

Reibt sie sich auf, die Energie,
Öde ist die Ebbe und die Flut
Ein braggig-träges Schwappen.

ZUM ERLIEGEN KOMMEN

Ein Fehler sei es nachzugeben,
Nicht mehr hart zu sein zu sich,
Eine Wendung hin zum Sterben.

Sagst du – und ich, so wie ich eben
Bin, bin der Beleg, um dich
Und deine These zu bewerben.

An meinem Beispiel kann man sehen,
Wie alle Anmut, alle Kraft
Zum Erliegen kommt beim Liegen.

Der Mensch, sagst du, muss aufrecht stehen,
Aufgeweckt und aufgerafft
Zu immer neuen Siegen.

Das Gehen, Schreiten, Überschreiten,
Das unterscheide ihn vom Tier,
Die Hände frei zum Schaffen.

Das gilt zumal bei Widrigkeiten,
Lange ruht dein Blick auf mir,
Sonst macht man sich zum Affen.

Und ich, ich schweige, habe keine
Entgegnung darauf, allzu klar
Fühl ich die Schwäche in mir drinnen

Sogar wachsen, seitdem ich meine
Bemühung aufgab letztes Jahr,
Gegen dich noch zu gewinnen.

SCHWACHMAT SEIN

Dass du Angst hast, ist dein Fehler,
Deine Schwäche, deine Schuld
Ausgenutzt – na klar – von andern.

Denn was sonst, dachtest du, da
Wäre nicht mindestens einer
Mit einem verhärteten Sinn.

Der alles verändert alleine, Ge-
Danken eingibt in die Debatte
Wie Schimmel auf Brot.

Der sagt, dein Versagen dürfe
Dir nichts Gutes bringen, Mit-
Leid wäre ein falsches Signal.

Und der womöglich als Sieger
Hervor tritt aus allem, deine
Dumme Schwäche als Grund.

Denn dass du nicht anders kannst,
Ein Opfer bist deiner Gefühle,
Genau das macht es ihm leicht.

WEITER MACHEN

Es ist nicht so, dass nichts mehr ginge.
Es ist ja so, was muss, das muss.
Und geht dann doch, wenngleich ganz knapp.

Ich bin ja noch, wenn ich mich zwinge,
Nicht bezwungen, ganz zum Schluss,
Erst ganz am Ende, mach ich schlapp.

Es ist erstaunlich, Fluch und Lehre,
Was ich dann doch noch alles kann,
Dass es so viel mehr ist als gedacht.

Dass, wenn man denkt, man wäre
Am Ende angekommen, man
Sich unterschätzt, sich kleiner macht.

Dass die Gefahr besteht, man bliebe,
Wenn man auf sich achtet, doch
Zu sehr bei sich, bei dem was sei.

Was weiß man schon, bei aller Liebe
Zu sich selbst, was alles noch
Geht mit Druck und Schinderei.

KÄMPFEN MÜSSEN

Und ich weiß es ja, ich sollte kämpfen.
Nicht schon jetzt die Waffen strecken,
Sondern erst, wenn es nicht anders geht.

Dann, erst dann, wenn ich halbtot, in Krämpfen
Nicht mehr kann, das Leid, der Schrecken
Mich bezwungen hat, erst dann: ganz spät.

Erst am Ende erst soll ich verzichten,
Mich zu streiten, mich zu wehren,
Sonst verliere ich, sagst du, verfrüht.

Würde ungenutzt die Chance vernichten,
Die es gibt. Denn Chancen wären
Immer da, für den, der sich bemüht.

KÄMPFEN MÜSSEN (NACHTRAG)

Ach, wär ich sicher nur, dass es das Gute
Ist, das ich vertrete und erhalte,
Wenn ich mich streube, weiter mach.

Denn möglich wäre auch, ich blute
Ganz verfehlt für's gestrig Alte,
Dass nur nicht weichen möchte, ach.

Dass es nur Trotz ist, ein Blockieren,
Ein Nicht-Lernen, Sich-Bewegen,
Wo ich – gerade ich – es müsste.

Könnte es nicht gut sein zu verlieren?
Eine Befreiung, ach, ein Segen?
Ein Segen wär's, wenn ich das wüsste.

DRUCK AUSHALTEN

Druck: Wenn er anhält, legt er sich
Auf Ohren, Hämoriden.
Wo du weich bist, wirft er Blasen,

Macht dich rund und wund, bringt dich
Zum Hippeln, Hetzen, Sieden:
Bläht dich auf mit seinen Gasen.

Elend macht er dich, auf lange Sicht
Geht das nicht gut. Davon, dabei
Wird chronisch nur der Schaden.

Und hast du kein Ventil, dann bricht
Es auf, dann reißt es dich entzwei:
Wird sich der ganze Scheiß entladen.

HERPES HABEN

Der Körper schlägt zurück an soviel Stellen:
Juckt hier, drückt da und fängt,
Irgendwie dazu gedrängt,
Unmäßig an zu schwellen.

Am Mund – mit Pusteln – gerade dann,
Wo ich Gesundheit, Wohlbefinden
(Aus hier nicht genannten Gründen)
Wirklich einmal brauchen kann.

Sichtlich sucht da etwas Streit
Und hat die Mittel und die Macht,
Seinen Willen durchzusetzen.

Wie ein Kind, das tobt und schreit,
Unbeherrscht und unbedacht,
sich selbst nicht zu verletzen.

SICH VERBEISSEN

's Zähne-Z'sammen-Beißen geht
Auf die Dauer auf die Kiefer.
Mit jeder Runde, die man dreht,
Wird's Lächeln schiefer.

Stumpf verbissen wird es zur
Leugnung, Lüge, zur Grimasse,
Zum gequälten Abdruck der Tortur,
Dass man nicht locker lasse.

Biss zu haben, das verschleißt!
Macht auf Dauer wund:
Man ist ja nicht aus Stein.

Beißt sich blutig, beißt
sich durch bis auf den Grund:
Kein Spaß ist das Kastein.

DUNKEL / SCHMERZ

Der Schmerz bewohnt das Dunkel, wo
Man nichts sieht und trotzdem schaut:
Schrecklich müde – wach gebissen.

Zwar am Tage plagt er ebenso,
Doch eingeschränkt und eingebaut,
Vom nicht nur liegen müssen.

Des Nachts indes ist es so wie
Man wäre nun in seinem Land,
Hat das Licht gelöscht für ihn.

Da wird er groß und die
Übermacht nimmt überhand,
Die Unmöglichkeit zu flieh'n.

Dann liegt man da, ermattet, blind
Und starrt dann so, als wär
Im Dunkel trotzdem was.

Doch nur die Schmerzen sind
Real, der Blick ist leer:
Auf nichts ist sonst Verlass.

SCHMERZ-STUDIE

Der eine Schmerz verdrängt den andern,
Verschiebt das Bild, die Reihung dessen,
Was mir nahe ist, was nicht.

Doch gerade weil die Schmerzen wandern,
Lassen sie sich nicht vergessen:
Ständig neu ist das, was sticht.

Das nährt die Hoffnung zwar fortwährend,
Es könnten einmal alle schwinden,
Wenn nur der nächste Schmerz entfällt.

Besonders das ist kräftezehrend,
Sich immer neu getäuscht zu finden,
Wenn das Muster sich erhält.

HERZ-SCHMERZ

Zu meinem Liebling würde ich
Mir meinen Schmerz erwählen,
Wenn es mir helfen würde mich
Weniger zu quälen.

Denn womöglich ist es leicht:
Ein Dreh des Blicks, schon werden
Die Dinge anders / besser, weicht
Druck aus den Beschwerden.

Ist sie nicht länger Bürde,
Kaum hab ich mich entschieden,
Dass mir die Last gefällt.

Wird zum Glück, zum Trost. Es würde
Alles Gut, wenn ich nur Frieden
Machte mit der Welt.

SCHUL

DIG

SCHULDIG (I)

's tut mir selbst ein Leiden an.
Dass ich so fühle, nehmt es hin,
Als gleichfalls Folge meiner Taten.

Weil ... es ist nichts, soll nichts, kann
Nicht ändern, was ich für euch bin,
Nimmt nichts weg von Schuld und Schaden.

Selber sage ich, es zählt
Nicht viel, ist jetzt, schon längst zu spät.
Und Gefühle hat ein jeder.

So, dass meine Schuld mich quält,
Nehmt's hin als Zeichen, ihr versteht,
Da ist ein Rest von Mensch im Täter.

SCHULDIG (II)

Ohne Zweifel: Es geschah
Und ich bin es gewesen,
Auch wenn, das war nicht ich.

Denn ich bin nicht so wie da
Und so wie du es lesen
Kannst nun über mich.

Denn hätte ich dabei
Handeln können, wie ich wollte,
Es wäre nicht geschehen.

Denn ich möchte, ohne Zwei-
Fel gut sein. Keiner sollte,
Diese Seite von mir sehen.

SCHULDIG (III)

Frage nicht nach Schuld, denn dass
Ich schuldig bin (wie öfters schon),
Macht mich nur traurig still.

Und macht mich klein und schwach, dass was
Du sagst zu mir in hartem Ton
Ich nicht höre, auch wenn ich will.

Und schon dein Blick nimmt mir die Kraft,
Dass du kuckst zu mir, auf mich,
Während ich nur dümmlich stiere.

Und nichts begreife – wie in Haft
Genommen bin, dadurch das ich
Mich ständig überführe.

SCHULDIG (IV)

Richtig ist es sicherlich
Bei der Fehlersuche den
Eignen Anteil einzusehn,
Zu bekennen, das war ich.

Ohne aber eben,
Was ein andrer dabei war,
Zu verschweigen – es sogar
Deutlich anzugeben.

Was ich mich frage jedoch, wo-
Von ist es taktisch klug,
Zuerst zu sprechen.

Denn zur Hälfte oder so
Wird man oft genug
Mich unterbrechen.

SCHULDIG (V)

Das Furchtbare ist, Opfer
Bist du nur zu Beginn.

Bei allem was brach, hast du
Es nicht belassen können.

Das Vergangene klärt, doch
Entschuldigt nichts.

SCHULDIG (VI)

Opfer sein und Täter beim Verbrechen:
Dass ich selber schuld bin, macht es schlimmer,
Lohnt die Klage nicht und nicht die Rache.

Denn was soll ich selbst an mir mich rächen?
Bin ich bestraft doch längst, schon immer
Durch die Tat, den Fehler, den ich mache.

Und dumm erst recht, davon zu wem zu sprechen.
Es wird nicht kümmern, wie ich wimmer,
Wenn ich schuld bin an der Sache.

SCHULDIG (VII)

Schuld, ach, gerne würde ich
Das Wort, das Thema streichen,
Diese Fessel, diesen Blick zurück.

All die Ängste, Zweifel, ob ihr mich
Wieder anerkennt als Gleichen
Trotzdem, jemals – ein Stück.

Dass ich nicht fragen muss, was ihr
Entscheidet irgendwann, nicht hoffen
Muss auf ein Vergeben.

Dass unteilbar jetzt und immer wir
Ein Wir sind, ob betroffen
Von der Tat, ob Täter eben.

SCHULDIG (VIII)

Dass ich schuldig bin, ach schlimm,
Eine Schwächung, eine Schwäche,
Ist's, ein Würgen, Strangulieren.

Und also gut, weil ich nun im
Streitfall so viel sanfter spreche,
Zaudern kann, kooperieren.

Was mir gelingt, weil gleichfalls du
Sanft bist, ohne ein Bestreben
Meine Schwäche auszunutzen. Dies

Verwandelt mich, das Schlimme zu
Etwas Gutem und wir leben
Endlich wieder wie im Paradies.

SCHULIDIG (IX)

Dass es ist, wie es ist,
Der Fehler geschehen,
Das Geschehen vorbei,
Verfolgt dich bis in den Schlaf.

Wie Trauerarbeit ist das,
Wie kalter Entzug, ein krei-
Selndes Bemühen, dass
Was abweicht einzufangen.

Durchs Wiederholen, durchs
Drehen, Prüfen der Perspektiven
Es womöglich zu wenden.

Vielleicht könnte man ja
Es verstehen, sich vorstellen als
Allzu komplizierten Scherz.

SCHULDIG (X)

Immer öfter hängen sie
Mir immer weniger an –
Meine Fehler, meine Sünden.

Verkürzt sich mein Bekümmern,
Mein Bedauern, mein
Drang nach Sack und Asche.

Als wöge mit der Erfahrung
Des Vorübergehens letztendlich
Die Schande weniger schwer.

Als mindere von Mal zu Mal
Das Wiederholen der Untat
Die empfundene Schuld.

Fällt es leichter immer mehr
Zurückzukommen, sich zu erheben
Aus der Versenkung.

Längst bekannt – der Weg,
Schon oft, zu oft beschritten,
Ausgetreten, befestigt beinah.

Normal, könnte man sagen,
Voraussehbar, kalkulierbar,
Fast schon Option.

So führt die Erfahrung,
Je öfter, je mehr
Tiefer ins Verbrechen.

SCHULDIG (XI)

Ich habe wieder aufgegeben,
Schneller als beim letzten Mal,
Sowas übt sich also auch.

Und all die Erklärungen
Für mich, für euch danach
Sind leichter bei der Hand.

Und die Verzweiflung schwappt früher
Hoch vom Bauch, in die Brust
Und schnappt heftiger zu,

Dieses Brennen, dieses Loch im Innern,
Wenn du dich mühst und merkst,
Dass das Mühen nicht reicht.

Und nicht nur noch nicht reicht,
Sondern nicht reichen wird, nicht jetzt,
Nicht heute, so sehr du dich mühst.

Und das gefärbt noch vom Strudel,
Vom Druck auf Ohren und Augen
Und diesem Nebel, dem Schwindel im Hirn.

Wo du ja weißt vom letzten Mal
Dass es noch schlimmer wird, noch mehr
Und ist trotzdem – schließlich – umsonst.

Ach, so übt sich das Scheitern,
Gräbt sich ein in meine Möglichkeiten,
Wird zu einer echten Option.

SCHULDIG (XII)

Was ich da sagte, das war dumm,
Wenn ich es jetzt betrachte,
Versteh ich es und weiß warum,
Damals keiner lachte.

Noch immer denke ich jedoch,
Ihr hättet damals eine
Erklärung fordern sollen noch
Von mir, wie ich es meine.

Denn dann ganz sicher hättet ihr
Erkannt, erkennen müssen wie
Dumm ich mich benommen.

Zwar kam der Spruch, na klar, von mir.
Sein Sinn jedoch, der wär mir nie
In den Sinn gekommen.

SCHULDIG (XIII)

Nein, ich bin nicht frei gesprochen,
Entlassen aus der Befragung,
Wie es war und dazu kam,
Dass ich das Opfer bin.

Wieder und wieder habe ich
Mich zu erinnern, zu grübeln.
Vielleicht ist sie ja, deine Tat,
Deine Sicht zu verstehen.

Und aber ja: Man kann es.
Im Kleinen wie im Großen
Sind wir Teil des Systems.

Nur gäbe es dann keine Sühne,
Keine Haftung für dich
Oder aber auch Erlösung.

ACH

TUNG

ERZIEHER SEIN

Manchmal guckt das Kind
Zu uns hoch – so ernst,
Als ob wir böse wären.

Was wir nicht sind!
Wir haben bloß
Ihm dies und das verboten –

In seinem Sinn,
Obwohl, gerade
Weil es das nicht weiß.

Da bleiben wir kühl,
Widerstehen dem Blick,
Weisen die Anklage ab.

Machen weiter
Mit Erziehung:
Lehren das Recht

Des Stärkeren.

LEHRER SEIN

Ich kann den Lehrerton nicht leiden,
Das Belehrende, wenn ich
Zum Zeigefinger-Schlagbaum mich
Straffe, wenn wir uns streiten.

Das Grenzen-Ziehen daran stört,
Zugleich – es ist der Zweck, der Sinn
Der Geste, Haltung, schau: Ich bin
Hier und will, dass man mich hört.

Zu zeigen, es ist ernst, die Dinge,
Um die wir streiten, den Konflikt,
Den nehme ich sehr schwer.

Aber so wie ich dann klinge,
So unbeweglich hart und strikt,
Das will ich nicht, nicht mehr.

LEITSTERN SEIN

Diese dumme Gier nach Resonanz!
Wenn ich was tu, will ich was sehen.
Als wäre, was ich tu, ein Licht.

Als würde erst mit seinem Glanz
Im Dunkeln euch ein Licht angehen
Und ohne es dagegen nicht.

Doch ihr, ihr tut, ihr leuchtet auch
Allein. Ganz finster ist nie.
Und Sonne sein? Wer schafft das schon?

Ach, ihr seid nicht so, wie ich es brauch:
Arme, dumme Höhlenmenschen, die
Bedürftig sind nach Reflexion.

VERSCHROBEN SEIN

Ich möchte, glaub mir, keinesfalls
Durch meine Art zu sprechen
Mich über dich erheben.

Auch wenn du es womöglich als
Markierung siehst der Schwächen,
Die dir, nicht mir gegeben.

Aber so, so rede ich nun mal,
Vergrübelt und verschroben,
Verschlängelt, wie gedruckt.

Und habe, glaub mir, keine Wahl.
Und nicht ich hab mich erhoben,
Nein, du hast dich geduckt.

Und sicherlich nicht wegen mir,
Sondern einer Sache wegen
Irgendwo und irgendwann.

Was ich bedaure, aber wir
Sollten das beiseitelegen.
Weil man es nicht ändern kann.

PRIVILEGIERT SEIN

Nein, ich leide nicht am Privileg.
Es wäre falsch, vermessen
Davon zu reden, es zu sagen.

Wäre überdeutlich ein Beleg
Für mein Leugnen, mein Vergessen
Was andere ertragen.

Im Vergleich, ich weiß, hab ich kein Recht
Und keinen Anlass, keinen Grund,
Mich überhaupt zu grämen.

Die Idee allein ist schlimm, ist schlecht,
Dieses Gefühl zu haben und ...
Ich sollte mich was schämen.

Und ja, ich schäme mich, für mein
Bedauern und mein Schweigen,
Dass ich so wenig ändern kann.

Ach, ein Dilemma ist es! Kein
Leiden daran soll ich zeigen,
Aber leiden soll ich schon daran.

BELESEN SEIN

Und weil mir der Schädel voll
Gestopft ist mit Lektüren,
Weiß ich, wenn wir diskutieren,
Oft nicht, was ich sagen soll.

Zitieren könnte ich zwar schon,
Das und den und diese
Gleichfalls kluge Expertise
Für nahzu jede Position.

Und weiß deshalb zu halten
Ist keine, selbst Synthesen
Eröffnen Horizonte.

Es ist ein Fluch! Die Alten
Belehren uns beim Lesen,
Was man längst wissen konnte.

GESCHMACK HABEN

Mit verfeinertem Geschmack
Wird dein Leben trist:
Karg und eng, nicht bunter.

Was die Masse noch, das Pack,
Gerne trinkt und isst:
Du kriegst das nicht runter.

Spürst die Fehler zu genau,
All den Mangel an
Qualität in allem.

Zynisch macht dich das und trau-
Rig: Viel zu wenig kann
Dir noch gefallen.

HÖHERE GEWALT

Auch ich vertraue nicht, nicht völlig
Auf einen Verzicht auf jede Gewalt,
Belehren mich meine Impulse.

Meine Ungeduld, mein Eingreifen, wenn ...
Mein Negieren, Insistieren, dass ...

Der Krampf meines Lächelns,
Die Faust auf dem Tisch.

Und manchmal, wenn ich müde bin,
Wenn es eng wird und wichtig,
Mache ich sogar Fehler.

RACHE ÜBEN

Ich nenne es – verschleiernd – Konsequenz.
Es hat halt Folgen, wie du dich entscheidest,
So oder so. Es wird so sein, dass wenn's
Mich betrifft, du dann genauso leidest.

Wie beim Wald ist das, dem Ruf, dem Schall.
Naturgegeben, ein Gesetz. Ich werde
Reagieren, auf was da kommt. Im Fall
Es ist belastend – mit Beschwerde.

Oder mache plötzlich Schwierigkeiten,
Werde mürrisch, bitter, zynisch, krank –
Mir fällt dann sicher etwas ein,

Um mein Leid zu teilen, auszuweiten.
Alles hängt zusammen, Gott sei Dank:
Die Rache wird die meine sein.

WITZBOLD SEIN

Es war doch nur ein Witz, ein schlechter.
Mehr kriege ich derzeit nicht hin.
Und überhaupt – ich weiß – ich bin
Nur gut für magere Gelächter.

Doch deshalb niemals wieder Faxen
Machen? Lieber schweigen? Mich
Begrenzen bloß auf das was ich
Kann? Das ist mir zu erwachsen!

Das ist mir viel zu ernst, getragen
Von hohem Anspruch, Qualität:
Ein glattgeschmirgeltes Erstarren.

Und nicht mehr witzig! Ein Versagen
An dem, um was wirklich geht:
Niemand macht sich mehr zum Narren.

DIVA / DIVEN SEIN

Wir sind doch alle Diven – irgendwie,
Geht mir nach meinem Ausbruch gestern
Durch den Kopf als Weg zurück zum Frie-
Den: Schau, wir sind im Grunde Schwestern!

Womöglich habe ich ein bisschen mehr
Geschrien, du bliebst – bei meinem Kläffen –
Eisern, unbeweglich, stur, so sehr
Ich auch versuchte, dich zu treffen.

Aber sind das am Ende nicht nur zwei
Wege, Varianten, wie man sich
Nun mal verhält im Streit, im Zwist?

Und im Grunde gleich! Geht es dabei
Doch nur um Stolz, um unser Ich,
Das so verletzt, verletzlich ist.

DIVA / DIVEN SEIN (NACHTRAG)

Doch was hilft's? Keine von uns wird
Diese Diagnose unterschreiben,
Wenn sie es nicht wirklich muss.

Wir beharren lieber unbeirrt
Auf unserm Stolz. Sind Diven, bleiben
Diven bis zum bitt'ren Schluss.

ERWACHSEN SEIN

Und wenn ich leide, weil du dich
Nicht entscheidest so wie ich
Es an deiner statt getan –
Das geht dich nichts an.

Denn die Freiheit, die ich lass,
Ist ernst gemeint, so dass
Meine Meinung, mein Verdruss,
Dich nicht bekümmern muss.

Auch wenn, ich geb es zu,
Es mich freute, solltest du,
Handeln so wie ich es täte.

Doch nur wenn du das bist,
Die:der sich so entscheidet, ist
Aufgegangen, was ich säte.

AN

LASS

FINDE DEN FEHLER

ach lass uns zusammen
in diesen Spiegel schaun.
dann ist nicht so klar
von wem ich rede

MUSTERUNG

Kennen musst du die Muster,
Die ausgetretenen Pfade –
Verstehen das, was sie sind:

Dein Gängelband, dein Strick,
Die Rinne, in der du kugelst,
Blickschutz vorm Daneben.

Deine Lösung, deine Wahl,
Rankhilfe ziemlich lange,
Rückrat und Spalier.

Die Karte deiner Kindheit,
Duft der alten Heimat,
Die Erlaubnis auszuruhn.

Und die Erfahrung, natürlich,
Das erwartbare Deja-Vu,
Die Substanz im Nebel.

Alles in allem ein Knäuel,
Geschützt durchs Verheddern:
Roter Faden – Fessel – Labyrinth.

ES ARBEITET

Als täte der Schnee
Beim Wirbeln ein Werk,
So ist das mit den Gedanken.

Sie drehen sich ohne Sinn,
Flocken prekärer Substanz,
Und trüben dir deine Sicht.

Und erst, wenn sie sich setzen,
Hast du – vielleicht – eine Idee.

ICH VERZEIHE NICHT

Aber ja, der Frieden
Ist nur Oberfläche:
Rückzug in ein Wohlverhalten.

Ein Nicht-Mehr-Rühren-
Daran als Entscheidung,
Ergebnis eines Wägens.

Denn es müsste ein
Zulassen der Worte,
Ein wieder Aufrufen
Der Verletzung,
All des Alten,
Etwas bringen.

Erwartbar lohnen
Müsste sich der Schmerz:
Des Knaupelns an der Wunde,
Des Bohrens darin.

Du, bewusst sage ich du,
Anders müsstest du sein,
Ändern müsstest du dich
Für eine Chance
Auf Vertragen.

Einer sein, der
Die Tatsachen, meine
Erfahrung nicht leugnet,
Der sich erinnert,
Nicht taktiert.

Mit dem es nicht nur
Kampf ist wieder,
Ein Werfen,
Fressen von Dreck.

So aber gibt es keinen Frieden,
Trage ich den Vorwurf,
All das Alte,
In mir
Ohne Verzeihen.

Und lächel dich an,
Lache mit dir,
Lasse
Nichts sehen.

ICH VERZEIHE NICHT (II)

Man kann mit sich im Frieden sein,
Einmal aufhör'n mit dem Grämen,
Wechseln mal zu andern Themen
Und doch dem Täter nicht verzeih'n.

Denn Vertragen braucht's nicht! Kein
Verstehen seiner / ihrer Gründe.
Nichts an dem, was man verstünde,
Würde von der Last befrei'n.

Denn was lastet, das ist innen,
Ein Gewirr aus Scham und Wu-
T: ein dunkler Drang nach Rache.

Dem, nur dem muss man entrinnen.
Verzeihen ist ein Weg dazu,
Doch nicht der Kern der Sache.

WARTE NICHT

Warte nicht!
Was dich heute drückt,
Ist morgen womöglich
Weg.

KONFLIKTTHERAPIE

Es wäre Zeit, sagst du, ich soll
Dazu stehen, ihn zu hassen.
Meinen angestauten Groll
Hier, jetzt raus, es krachen lassen.

Ihn Fatzke schimpfen, ihn
bespucken und bepissen –
All die bösen Energien,
Nicht mehr zügeln, zügeln müssen.

Mich in Rage schreien, das
Biest, den Schmerz, den Streit
Am Dings hier auszuleben.

Bis ich erschöpft vom Hass,
Vom Hass befreit –
Bereit bin zu vergeben.

FEHLERTEUFEL

Ständig mach ich Fehler, ein
Wort zu viel, ein Wort zu wenig –
Schnitzer, Kleinigkeiten. Kein
Ding vielleicht. Doch ich, ich gräm mich.

Weil, was ich schreibe, lesen ja
Nicht nur Leute, die mich schätzen,
Die es nicht stört, wenn's da
Manchmal holpert in den Sätzen.

Ach, zu sehr hat plötzlich man
Mich im Blick, muss sich zu mir
Verhalten, meinen Schwächen.

Geht's um Beziehung plötzlich, An-
Erkennung auch wenn dafür
Grad keine Gründe sprechen.

REIBUNGSGEWINNE

Dass dir warm ist, du
Weicher wirst, reger und
Weniger mit der Zeit –
Das ist gewiss auch gut.

Wie beim Squashball, der
Erst gequetscht, geschlagen
Werden muss eine Weile
Bevor er richtig fliegt.

Oder auch beim Debattieren
Schärft es deine Argumente,
Deine Kontur, wenn du dich stellst.

Mitten im Getümmel eifrig,
Wild-bissig im Blutrausch
Scheinst du dir lebendig wie nie.

LOB DES DENKENS

Zur Natur zurück, das wirst du dir
Nicht wünschen, selbst wenn du
Es so sagst und immerzu
Betonst: Das bräuchten wir.

Denn wenn ich sage, dann werd ich halt,
Aufhörn erst bis drei zu zählen,
Wenn mich deine Worte quälen,
Sagst du, ich drohe mit Gewalt.

Und wünschst dir dann anstatt,
Dass ich dumme Witze mache,
Ich würde ernsthaft mir dir sprechen.

Ja, was willst du denn? Es hat
Von Natur aus jeder Schwache
Erstmal Pech mit seinen Schwächen.

HEILIGER ERNST

Ohne einen Funken
Spaß so sitzt sie da,
Angespannt versunken
In ihr Mandala.

Mund gepresst zur Schnute,
Hart im Blick der Stift,
Auf dass er die gute
Stelle richtig trifft.

Schrecklich ernst – doch dann
Plötzlich wie befreit
Lehnt sie sich zurück.

Offensichtlich kann
Auch Verbissenheit
Anlass sein für Glück.

VERJÄHRUNGSLIED (FÜR COE)

Was soll der Hut? Hinweg. Die Haare
Gib sie frei, zum Spiel dem Wind.
Sieh, es sind, so lang sie sind,
Längst verflogen alle Jahre.

Die Zeit der Trauer: ausgegangen!
Und beschnitten längst – die Schuld.
Sieh, es segnet die Geduld
Dich mit Locken, lebenslangen.

Du kannst sie tönen, sind sie grau,
Wenn du es magst. Ich meine,
Besser wär, du tust es nicht.

Denn der Wind, der nimmt sie, schau,
Hinfort und endlich deine
Stirne bietet sich dem Licht!

AUS

BLICK

VERSCHWINDEN

Wenn du anfängst damit, ist der Spin gesetzt:
Du machst dich klein, wirst kleiner,
So klein, bis keiner,
Dich mehr sehen kann zuletzt.

REINE MACHEN

Die Zeit vergeht beim Wäsche hängen
Und fehlt mir dann zum Schreiben, Lesen.
Ist weg und da als ein Verlust.

Doch nicht nur große Sachen drängen,
Ich hätte schon, wär Zeit gewesen,
Nur sie gewollt, nur das gemusst.

Hätte hungrig gern und ungewaschen
Mich vertieft, verzehrt, vergessen
Und wirklich Wichtiges vollbracht.

Doch mich stören leere Flaschen,
Ständig muss ich etwas essen
Und schlafen – bitte – in der Nacht.

Ich bin wohl nicht, wie ich bemerke,
Dafür gebaut, dazu bereit
Solche Opfer zu erbringen.

Bin begrenzt, begrenzt auf kleine Werke,
Auf das was in begrenzter Zeit
Sich schaffen lässt an großen Dingen.

VOM AUSBLEIBENDEN GEDICHT

Wenn du mich fragst, es geht um Stärke,
Die Kraft, sich wieder aufzuraffen,
Die es braucht zum Dichten, beim Erschaffen
Möglichst guter, großer Werke.

Oder genauer: um das Schatten-
Hafte Fehlen, Unvollendet-Bleiben
All der Texte, wo beim Schreiben
Schreibende die Kraft nicht hatten.

Schwache Texte, aufgegeben,
Vergessen und verschwiegen.
Wir können gut auf sie verzichten.

Nur die Starken, Fitten überleben.
Wieder mal! Nicht nur nach Kriegen
Schreiben Sieger die Geschichten.

BESSER

Besser hört man ja die Lauten
Als die Stillen, nimmt die Kleinen
Schlechter wahr.

Das ist so, so offensichtlich
Unsern Sinnen eingeschrieben.

Hören lassen von sich muss man also,
Groß tun, sich im Zweifel größer machen.

Sonst umsonst ist deine Mühe.
Denn es werden niemals alle alles
Allumfassend sehn.

VOM SCHWEIGEN

Wenn du nichts hörst von mir, nicht un-
Bedingt ist's gut, das Schweigen
Sagt ja nichts von seinem Grund.

Wie auch das Lachen nur beweist,
Dass ich fähig bin dazu,
Wenigstens zu tun als ob.

So ist das mit dem Wissen, was
Sich zeigt, ist Oberfläche und
Mehr wird nicht verraten.

VOM SCHWEIGEN – WIEDER MAL

Mein Schweigen hat zu viele Gründe,
Die meisten davon unbekannt
Und wahrscheinlich nicht mal wahr.

Ich würde ja, wenn ich's verstünde,
Es euch erklären, doch die Ant-
Wort ist selbst mir nicht klar.

Denn irgendwie: Ich bin geschlagen
Mit Dumpfheit, bin mit Watte
Angefüllt und nicht zu fassen.

Mein Reden ist, wie soll ich sagen,
Von selbst verstummt, ich hatte,
Nicht die Absicht, es zu lassen.

GRÜNDE

Plötzlich so viel Gründe wissend,
Wieso mein Tun, mein Werk nichts taugt,
Erscheint mir euer Schweigen gnädig,
Wie eine lange liebevolle Schonung.

REIME VOM REIMEN

Reime machen die Gedanken lapidar,
Versehen sie mit einem Happy End.
Zum Schluss fügt alles sich zusammen.

Übertünchen jeden Ärger, der da war,
Mit Wohlklang bis nichts mehr brennt:
Bis eingeschlossen sind – die Flammen.

Doch ist das nicht auch Chance beim Dichten?
Glut verstecken hinter schönem Schein?
Steuern das Gehör, Gefühl beim Lesen?

Worte auf zu festen Wällen schichten!
Rote Fäden, Lunten legen da hinein!
Um sie im letzten Reimwort aufzulösen.

STÖBERN IM ARCHIV

Von früher, die Gedichte, sind nicht mies.
Sie erinnern mich beim Lesen,
Auch schon damals ist mir dies
Wichtig und vertraut gewesen.

Dieses Gefühl, ach, diese Frage, die
Mich zuletzt umher getrieben,
Ist da schon da, als wäre sie
Immer immer gleich geblieben.

Als mühte ich mich schon seitdem,
Mal auf diese, jene Weise,
Um Antwort nur auf SIE allein.

Wieso? Vielleicht ist das Problem,
Um das ich schreibend kreise,
Wirklich groß oder ich zu klein.

WEITER SO

Nicht alle Tage mag
Ich, was ich schreibe,
Scheint vieles völlig leer

Und dumm und falsch und so
Künstlich bemüht um
Wirkung, Sinn – als wär

Alles Eitelkeit und
Geltenwollen und
Ein Scheitern selbst an dem.

Ein Gefühl nicht selten,
Grund und Thema schließlich
Für ein weiteres Poem.

WORTE WIEDER

Ich nehme mir die Worte vor mal wieder,
Fülle mir den Mund mit ihnen
Im übertragenen Sinn.

Ertaste ihr Gewoge, ihre Schründe,
Schiebe sie mit meiner Zungenspitze
Umher, auf Rücken & Bauch.

Wie Puzzleteile, ganz verschieden,
In Geschmack und Substanz,
Von Kiesel, Jogurt bis Teer.

Und doch je mehr ich knabbere
An ihnen, lutsche & kaue,
Scheint Stückwerk, das alles.

Und am Ende, perspektivisch
Nur Brei, durchfeuchtete
Masse ohne Sinn.

Denn wo im Geknubbel
Der Worte, der Staben
Singt noch der Vogel?

Eitel oder vergeblich
Scheint mir da die Hoffnung,
Die Wette auf Leser.

Dass es ihre Aufgabe sei,
Ihre ureigene Leistung, wie
Der Text zu ihnen spricht.

NIE GENUG

Nie ist's genug – nie richtig.
Nichts reicht – den Tag.
Kaum dass ich was sag,
Ist's nichtig.

Wird fremd in Inhalt und Gestalt.
Ein Ding: entäußert, abgeheftet,
Wie durch Gebrauch entkräftet,
Kalt.

So bleibt, ich bleibe
Unbefriedigt beim Ergründen,
Was noch zu sagen wär.

Als würde, was ich schreibe,
Kaum dass ich's schrieb, verschwinden
Und mich zwingen: Schreibe mehr.

ICH-BOTSCHAFT

Man könnte glauben, ich
Spräche nur von mir
Von meiner kleinen Welt,
In und aus der Enklave.

Wogegen andere, wenn sie
Anheben zur Erzählung
Hinaustreten in die Stadt,
Auf Reisen sind, sich öffnen,
Offen sind für Begegnung.

DEINE FRAGE

Deine Frage wirkt nach in mir, suche ich
Nach einem Grund sie abzuwehren,
Dass sie falsch sei – falsch gestellt.

Was mir mein Dichten sei, mein Schreiben?
Arbeit oder Hobby/Zeitvertreib? – das,
Bitte, batest du, sollte ich erklären.

So stehend vor der Wahl zwischen
Ernsthaft-richtig und La-La
Misshagten mir beide Optionen.

Denn als Arbeit, tägliche Routine
Mag ich es nicht beschreiben, weiß ich,
Kann und wird es nicht gelingen.

Brauchen Verse, zumindest bei mir,
Ungewisse Räume, unbestimmte Zeiten
Des Schwebens und des Gährens.

Nicht erzwingen könne man sie,
Nicht tagtäglich produzieren von
Acht bis achtzehn Uhr mit Pausen.

Dies ausgeschlossen also bliebe
In deinem Schema nur das Hobby
Als Beschreibung meines Tuns.

Dazu aber nehme ich's viel zu
Ernst, quäle mich mitunter, lasse
Mich zu tief darauf ein.

Und leide, wenn nichts gelingt,
Fühle mich halb nur ohne,
Nenne mich selber Poet.

Wahrscheinlich liegt der Fehler
In deinem Begriff des Berufs
Als Vollzeitjob und Broterwerb.

Dass aber ist es nicht und dennoch
Mir unsäglich wichtig, dass ich viel
Zeit darauf verwende, Geld und Kraft.

Und deine heimliche Wertung, das
Arbeit mehr Würdigung verdient
Und Mühe lohnt, die ist nicht meine.

Und ist es nicht wie mit der Liebe?
Sie gelingt dir weder aus pflicht-
Mäßigem Eifer noch nebenbei.

Als Hobby zu schwach beschrieben,
Als Arbeit zu drängend und eng:
Im Leben gibt es sichtlich mehr.

SCHLUSS

ENDLICH

ZUM AUTOR

Matthias Rürup lebt, arbeitet, dichtet und netzwerkt in Wuppertal. Beruflich ist er als Erziehungswissenschaftler in der Lehrer:innenbildung tätig; nebenberuflich engagiert er sich für ein reichhaltiges Literaturleben. In Wuppertal war und ist er Mitglied in verschiedenen Autor:innen-Vereinigungen (u.a. dem VS), Schreibwerkstätten und Redaktionen von Literaturzeitschriften (neolith). Seit 2021 leitet er den Literaturhaus Wuppertal e.V.. Seine eigenen literarischen Werke, vornehmlich Gedichte, veröffentlicht er in Zeitschriften und Anthologien sowie im Eigenverlag. Im Geest-Verlag hat er die Gedichtbände "Igelgesänge. Wie kann man nur lieben?" (2019) und "Chefchen – Eine Höllenfahrt" (2022) vorgelegt.